MANUELS-RORET

NOUVEAU MANUEL COMPLET

DISTILLATION

DES GRAINS

TRAITANT

DE LA COMPOSITION CHIMIQUE DES GRAINS PROPRES A PRODUIRE
DE L'ALCOOL ET DES MATIÈRES QUI LES [illegible]
DE LA FERMENTATION ET DES OPÉRATIONS QUI LA [illegible]
DE LA PRÉPARATION ET DE LA DISTILLATION DES MOUTS
ET DE LA RECTIFICATION DES ALCOOLS
AU MOYEN DES APPAREILS LES PLUS NOUVEAUX
ET LES PLUS PERFECTIONNÉS

SUIVI DE LA

DISTILLATION DES MÉLASSES

ATLAS

PARIS

LIBRAIRIE ENCYCLOPÉDIQUE DE RORET

RUE HAUTEFEUILLE, 12

ENCYCLOPÉDIE-RORET

DISTILLATION
DES GRAINS
ET DES MÉLASSES

MANUELS-RORET

NOUVEAU MANUEL COMPLET

DE LA

DISTILLATION

DES GRAINS

TRAITANT

DE LA COMPOSITION CHIMIQUE DES GRAINS PROPRES A FOURNIR
DE L'ALCOOL ET DES MATIÈRES QU'ILS RENFERMENT;
DE LA FERMENTATION ET DES OPÉRATIONS QUI LA PRÉCÈDENT;
DE LA PRÉPARATION ET DE LA DISTILLATION DES MOUTS;
DE LA RECTIFICATION ET DE LA PURIFICATION DES ALCOOLS
AU MOYEN DES APPAREILS LES PLUS NOUVEAUX
ET LES PLUS PERFECTIONNÉS

SUIVI DE LA

DISTILLATION DES MÉLASSES

PAR

MM. F. MALEPEYRE et Alb. LARBALÉTRIER

ATLAS

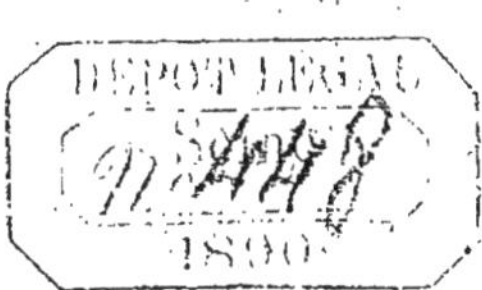

PARIS
LIBRAIRIE ENCYCLOPÉDIQUE DE RORET
RUE HAUTEFEUILLE, 12

EXPLICATION DES PLANCHES

ET RENVOI DES FIGURES DE L'ATLAS AUX PAGES DU VOLUME

PLANCHE I.

		Pages du volume
Fig. 1	Appareil à touráiller le malt	64
Fig. 2	Modification de l'appareil précédent (section sur la longueur)	66
3	Macérateur La Cambre (coupe transversale) . .	89
4	— — (coupe en plan)	89
5	Moulin rhénan	98
6	Moulin Quentin Durand (vue extérieure) . . .	94
7	— — (coupe sur une partie étroite)	95
8	— — (coupe sur sa plus grande largeur)	96
9, 10	Moulin à broyer le malt	97
11, 12, 13	Sections sur des longueurs transversales de l'appareil Steel	99
14, 15, 16	Détails du déméleur-cataracte de Wilson .	100
17	Faux-fond d'une cuve-matière (en plan) . .	102
18 19	Cuve-matière perfectionnée	102
20 21	Arrosoir écossais	103
22 23	Cuve à saccharification à la vapeur . . .	103
24 25	Appareil anglais pour récolter la levure . .	166

Pages

PLANCHE II.

Fig. 1 2 Appareil Halscheck pour prédarer l'acide sulfureux 176
Fig. 3 Pièces constitutives de l'alambic. 192
4 Chapiteau de l'alambic. 194
5 Détails du serpentin 197
6 Serpentin Babo 198
7 Réfrigérant du condensateur Gedda 198
8 Alambic simple de La Cambre 206
9 — — — — (perfectionné par Barbier) 207
Fig. 10 Alambic simple pour les matières pâteuses . . 219
11 Appareil de Pistorius 229
12 Deflégmateur de Pistorius. 233
13 Section verticale de l'appareil Coffey 244
14 Détails du condenseur 245

PLANCHE III.

Fig. 1, 2, 3, 4 et 5. Détails de l'appareil Siemens (élévation et coupés diverses) 235
6 Appareil Siemens à une seule chaudière. . . 241
7 Appareil distillatoire perfectionné 242

PLANCHE IV.

Fig. 1 et 2. Appareil distillatoire Cellier-Blumenthal. . 250
3 Appareil Derosne 252
4 et 5. Appareil Savalle 280
6 Détails du refrigérant 281

Pages

PLANCHE V.

Fig. 1 Colonne distillatoire Egrot 265
2 et 3. Plan du plateau de l'appareil 266
4 Structure intérieure d'un fourneau de l'appareil Egrot 268
5 Appareil Egrot réduit 268
6 Appareil Savalle perfectionné 270
7 et 8. Plateau perforé de l'appareil précédent . . 270

PLANCHE VI.

Fig. 1 Rectificateur Savalle 300
2 Éprouvette Savalle 302
3 Éprouvettes Savalle disposées 330
4 — — — (en plan) . . . 330
5 Colonne distillatoire Savalle 360
6 Élévation de l'installation d'une distillerie Savalle 378
7 Plan de l'installation d'une distillerie Savalle . 378

PLANCHE VII.

Fig. 1 Distillerie de mélasses (plan) 388
2 — — (élévation) 388
3 — — (détail des cuves) . . . 388
4 Distillerie agricole établie à Reichschoffen (plan) 400
5 — — — — (vue intérieure) 400
6 Distillerie système Écossais (section sur la longueur) 406
7 Distillerie système Écossais (projection en plan) 407
8, 9, 10, 11. Sections transversales par les lignes GN, CC, EF et AB de la figure 5 408

Pages

PLANCHE VIII.

Fig. 1 Disposition en plan d'ensemble d'une distillerie belge 401
2 Coupe générale suivant la ligne brisée XX . . . 402
3 Distillerie belge de grains, pommes de terre et betteraves (coupe verticale). 403
4 Distillerie belge de grains, pomme de terre et betteraves (coupe suivant un plan horizontal) . 404

PLANCHE IX

Fig. 1 Trieur de grain (système Kyll) 154
Fig. 2 Cuiseur Henze. 154
3 Malaxeur centrifuge de Kyll 155
4 Dépeleur centrifuge de l'appareil de Kyll 155
5 Macérateur à travail continu 156
6 Bluterie (section longitudinale) 157
7 id (section transversale) 158
8 et 9. Malterie pneumatique Saladin 157
10 Réfrigérants tubulaires 185

Typ. M. SCHNEIDER, 185, rue de Vanves — Paris

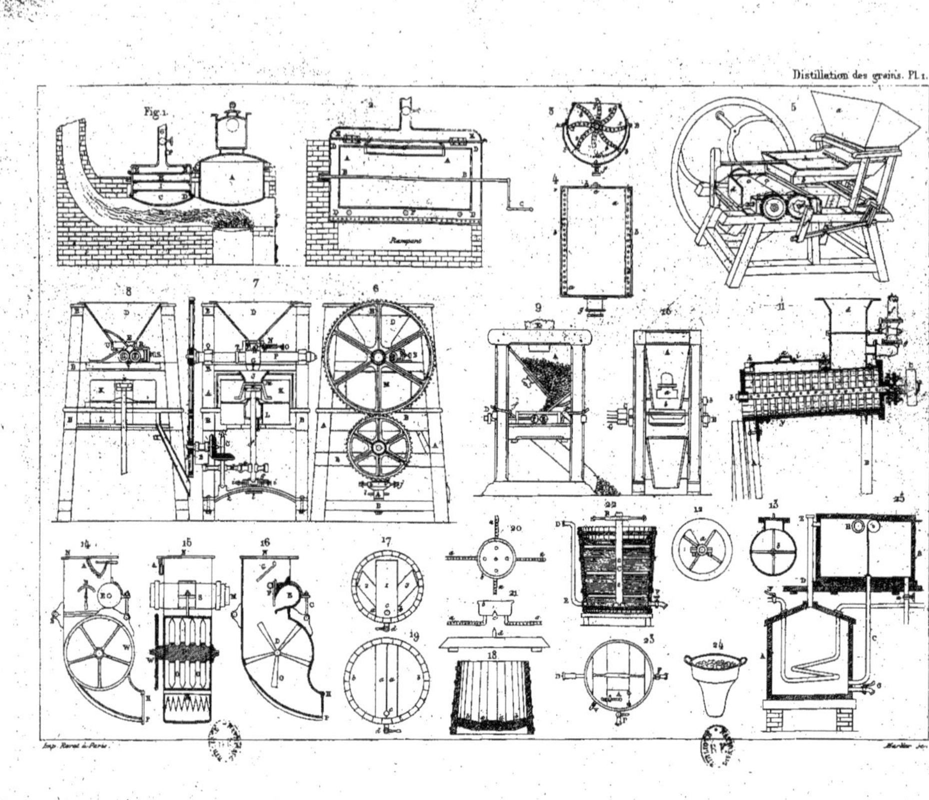

Imp. Rorat à Paris.

Marbler sc.

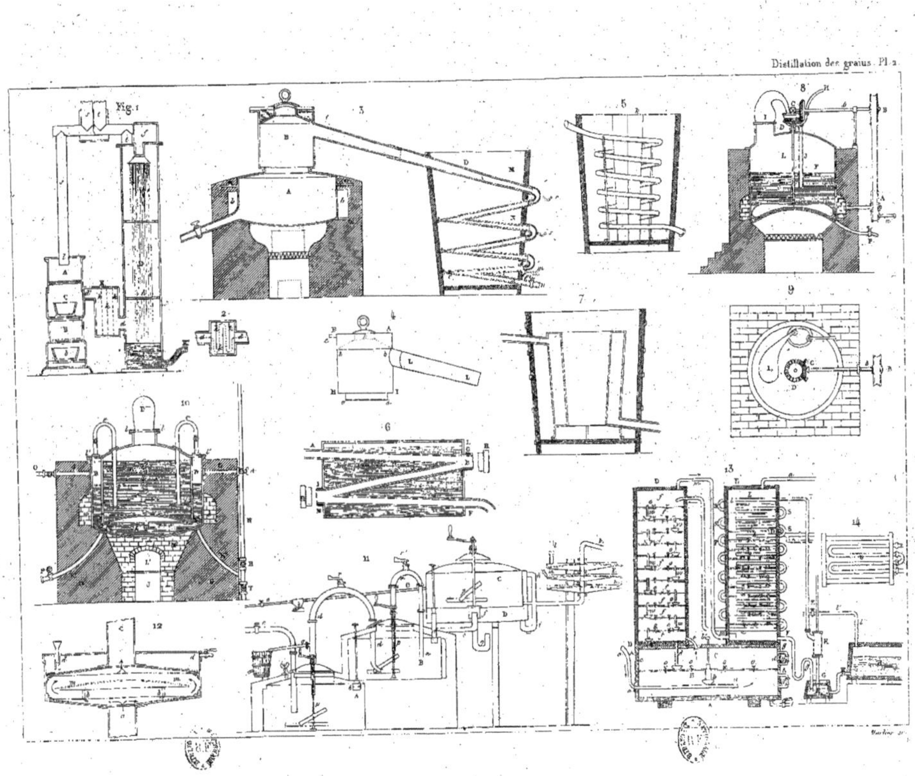

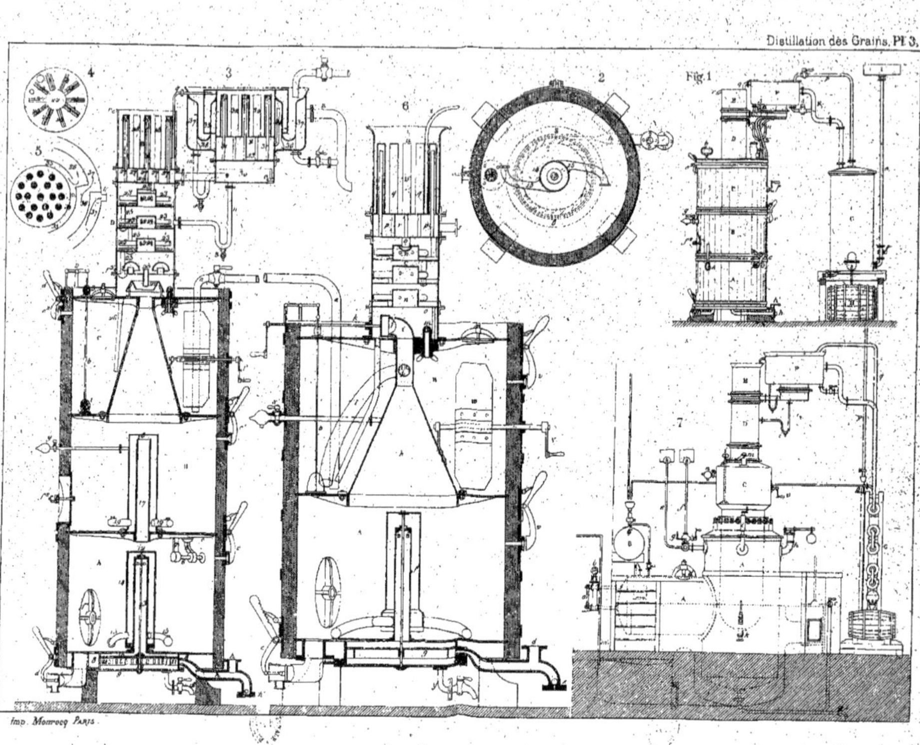

Imp. Monrocq Paris.

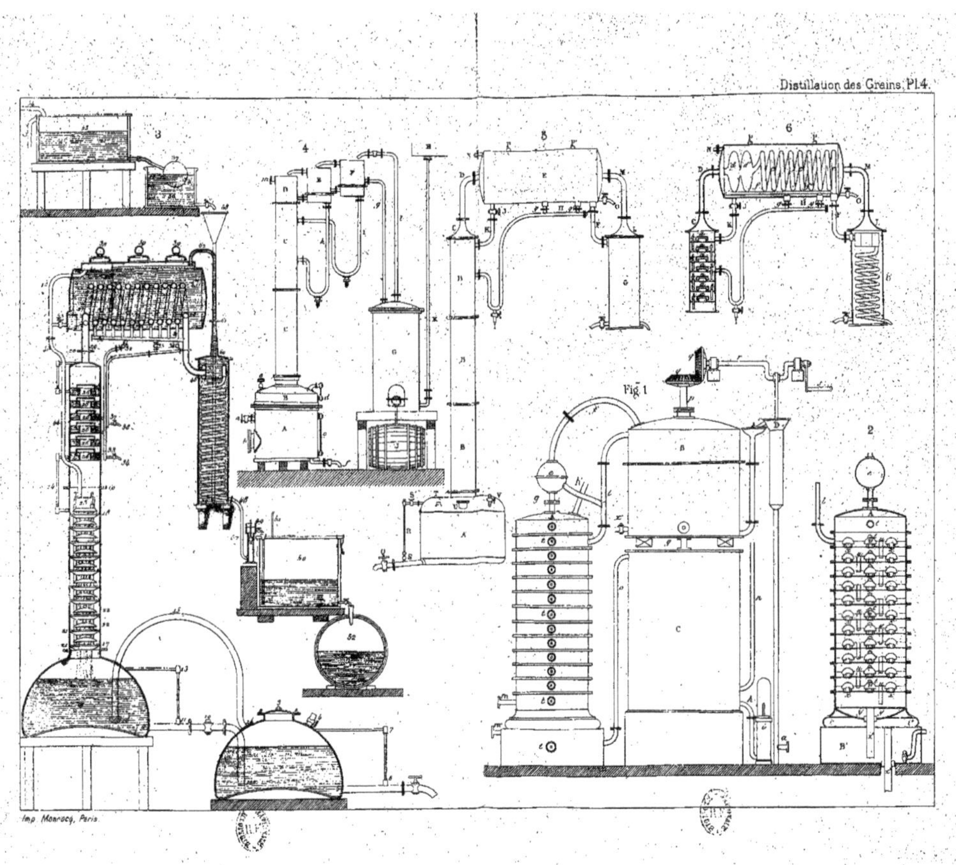

Imp. Monrocq, Paris.

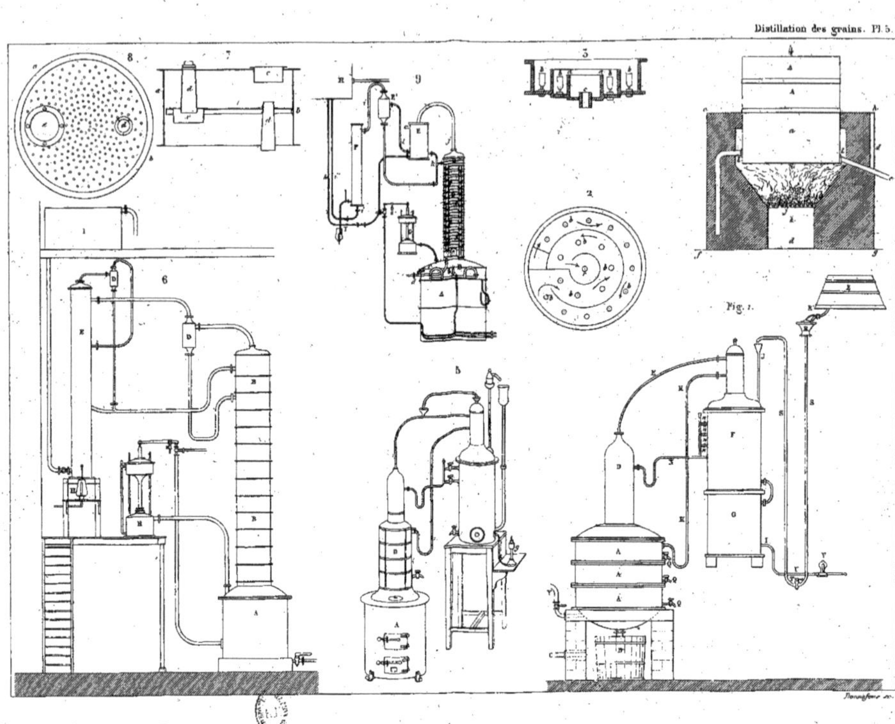
8
7
9
3
2
6
5
Fig. 1.

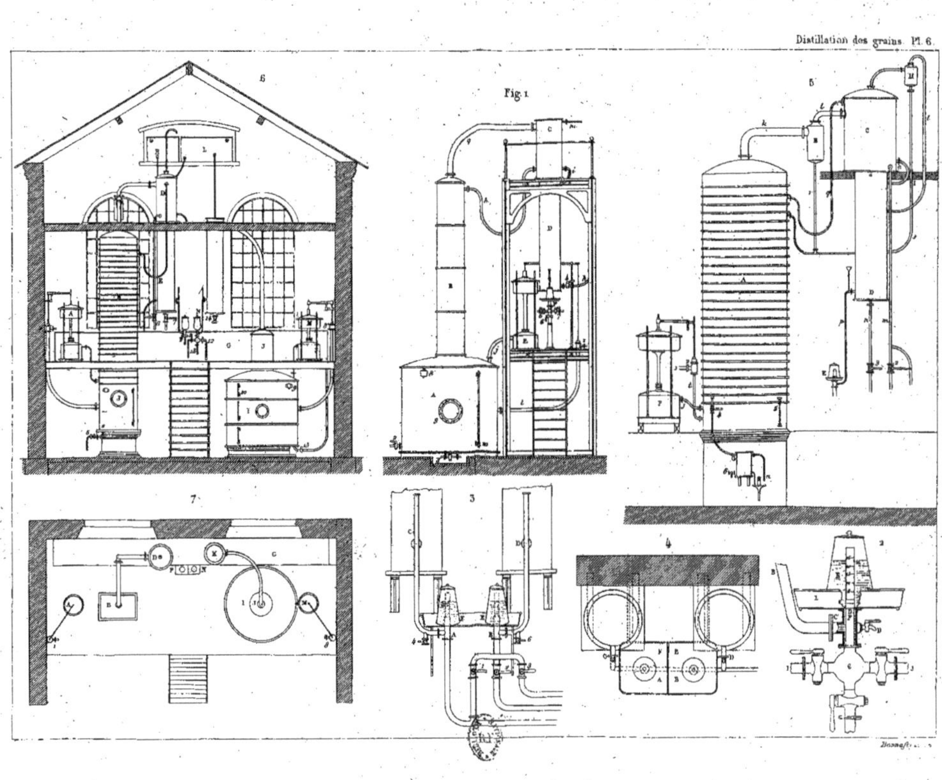
Fig. 1
2
3
4
5
6
7

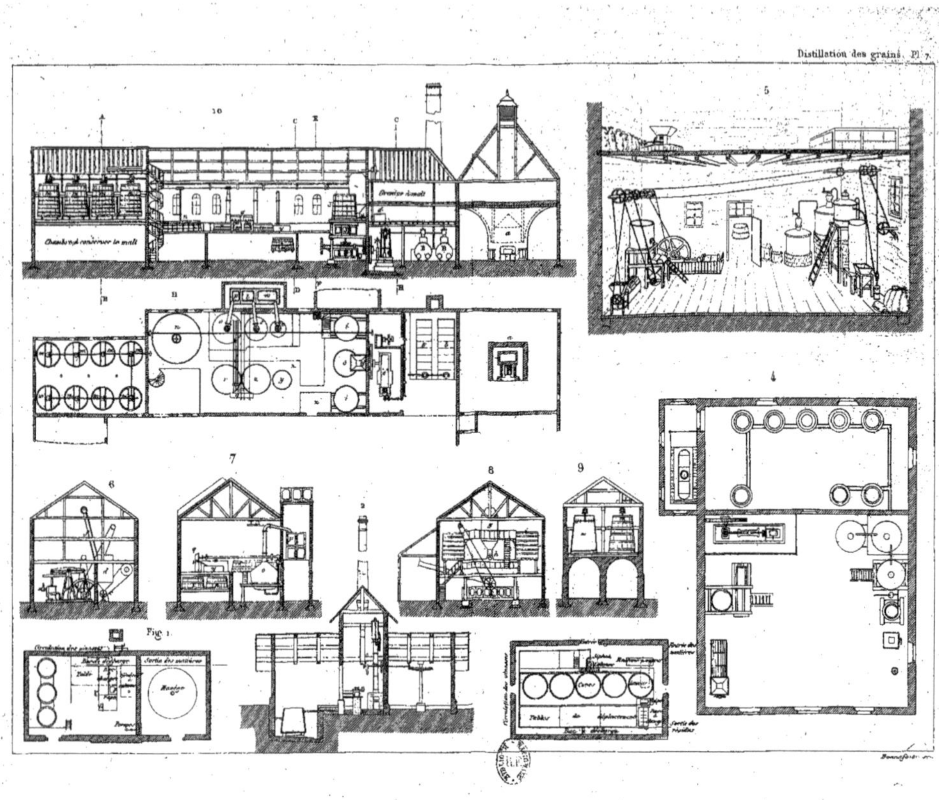
10
11
5
4
6
7
2
8
9
Fig. 1
Cuves

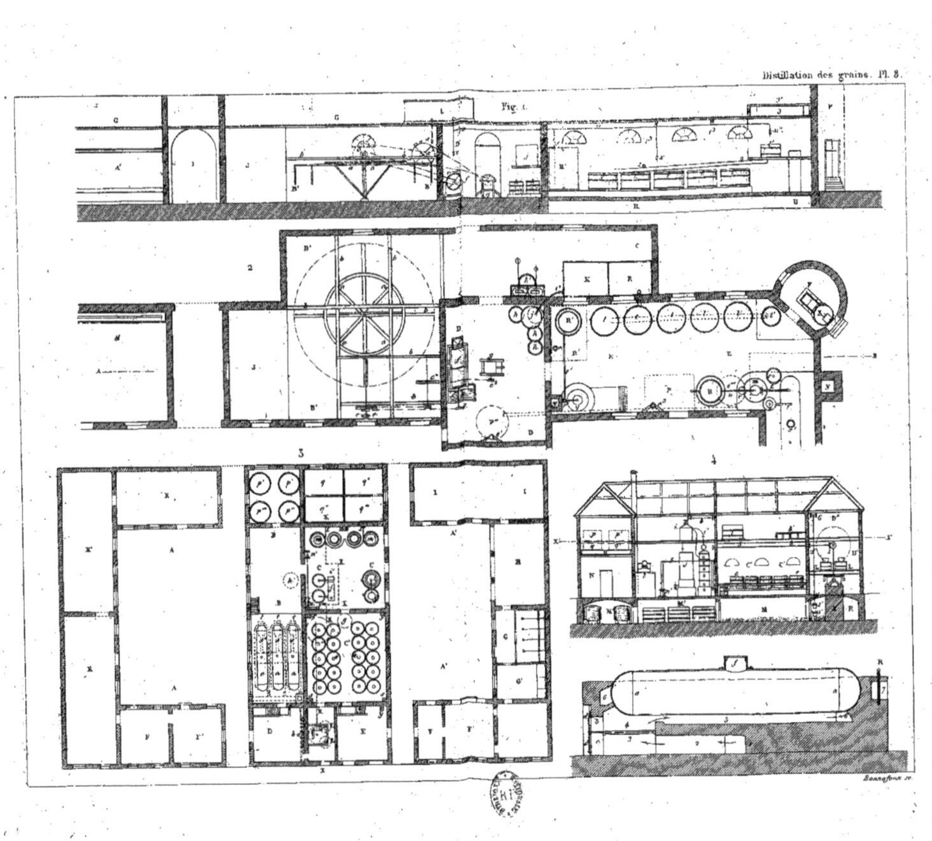
Fig. 1.
2
3
4
Bonnafoux sc.

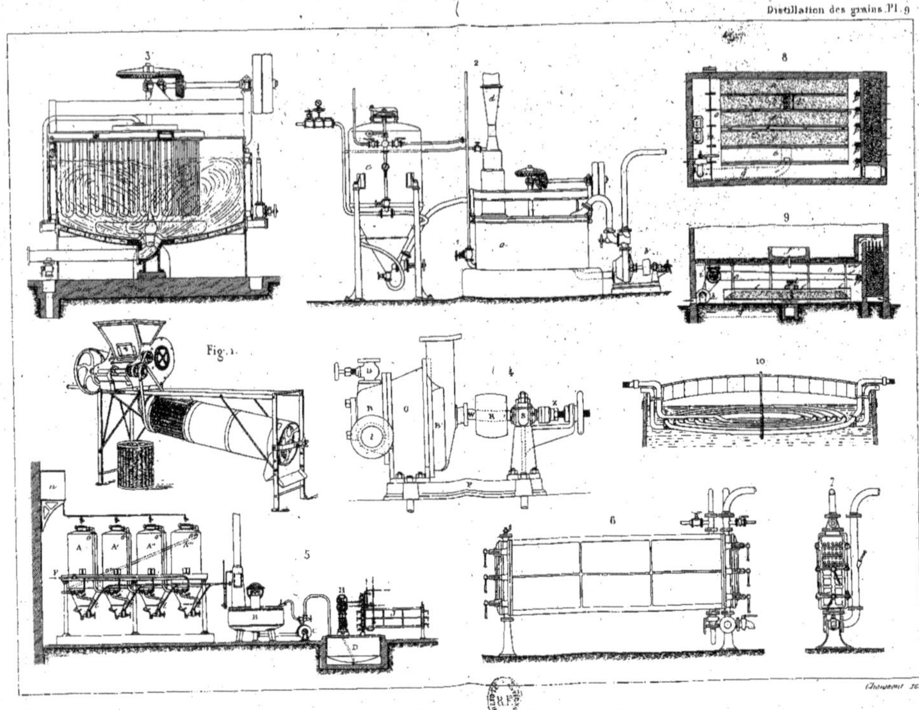

Imp. ROBET, rue Hautefeuille, 12, à Paris.

BAR-SUR-SEINE. — IMP. SAILLARD.

www.ingramcontent.com/pod-product-compliance
Ingram Content Group UK Ltd.
Pitfield, Milton Keynes, MK11 3LW, UK
UKHW021151230726
13926UKWH00001B/44